AF230176

L'HONNEUR

LES ROIS ET LES PEUPLES

PARIS. — IMP. SIMON RAÇON ET COMP., RUE D'ERFURTH, 1.

L'HONNEUR

LES ROIS ET LES PEUPLES

AVEC APPLICATION

DU PRINCIPE A LA SITUATION ACTUELLE DE LA FRANCE

VIS-A-VIS

L'ALSACE, LA PRUSSE, L'INTERNATIONALE

PAR

J. M. DE LA CODRE

PARIS

E. DENTU, ÉDITEUR

LIBRAIRE DE LA SOCIÉTÉ DES GENS DE LETTRES

PALAIS-ROYAL, 17 ET 19, GALERIE D'ORLÉANS

—

1872

PRÉAMBULE

Un journal disait, il y a quelques jours : « Décidément notre crédit n'a pas été atteint par nos malheurs, il serait à désirer que notre réorganisation morale et politique fût en hausse comme le crédit financier. »

Cette réorganisation morale et politique pourrait bien être plus facile à effectuer que ce souhait ne le suppose; il ne faut, pour qu'elle advienne, qu'un bon mouvement de la France, et elle en a eu si souvent! Cet acheminement vers l'équité, vers la sagesse, s'opérera par deux actions parallèles, se prêtant de mutuels secours : par les effets de l'exemple, et par la *communication des pensées.*

C'est un devoir, à notre avis, pour tout homme qui croit avoir des pensées justes, des pensées conformes aux lois providentielles, de faire connaître au public, de proposer à son approbation, ces pensées qu'il a conçues ou adoptées après un sérieux examen, ou qui l'auraient en quelque sorte illuminé comme un jet de lumière.

Ce devoir est impérieux pour les hommes qui savent se faire écouter ; il existe aussi, quoique à un moindre degré, pour ceux qui n'ont fait aucune tentative de ce genre, et pour les écrivains auxquels on n'a pas accordé encore une oreille bien attentive.

Il importe pour que le changement désirable s'accomplisse avec promptitude que, chaque année, on publie un grand nombre d'écrits de toutes sortes. Dans cette affluence de productions littéraires je vois les avantages suivants :

1° Le travail nécessaire pour la composition forcera tous ces écrivains à étudier, à réfléchir ; et la multiplicité des hommes réfléchis amène toujours quelque perfectionnement dans les sociétés.

2° Ces productions nombreuses prouveront au public que beaucoup de personnes s'occupent du bien général ; et cet exemple doit contribuer à vaincre une indifférence qui laisse trop puissants les votes des hommes actifs ayant plus d'ambition personnelle que de zèle pour la morale et l'équité.

3° Dans plusieurs de ces ouvrages qui ne mériteront qu'une attention fort légère, il peut se trouver, il se trouvera certainement des observations que les auteurs habiles dans l'art d'écrire recueilleront en parcourant les opuscules restés obscurs, et qu'ils sauront convertir à leur usage. L'espérance de produire au moins ce résultat utile récompensera ceux qui ne peuvent s'attendre à ce que la gloire vienne illustrer leurs efforts.

Dépenser quelques centaines de francs pour faire impri-

mer une brochure peut être un acte plus profitable au
public, que de verser la même somme à un bureau de
bienfaisance.

On doit supposer, qu'au milieu de ce louable concours,
les hommes qui s'obstineraient à ne pas écrire, rougiraient
de ne pas lire.

Il serait possible qu'un journal fît une fructueuse spé-
culation en analysant tous ces ouvrages. Probablement, il
exciterait la curiosité d'un grand nombre de personnes,
qui trouveraient dans ce recueil une sorte de thermomètre
moral et politique ; et les écrivains qui figureraient dans
ces listes y verraient consigné un souvenir honorable pour
eux et leurs enfants, puisqu'il serait prouvé, par ces men-
tions, qu'ils se sont montrés vaillants dans un moment de
crise.

Il a été dit justement que, pour exalter le courage et la
moralité d'un peuple, il fallait le frapper d'une grande
idée. L'auteur des pages suivantes a espéré qu'il émettait
une idée de cette nature, en demandant que l'honneur
français prévît le temps où l'Alsace et la Lorraine récla-
meraient son secours pour s'affranchir, pour rentrer dans
le sein de la patrie, et se tînt prêt à donner, quand il y
aurait lieu, aux malheureux asservis, un secours efficace ;
en demandant que cet honneur fût aussi prêt à combattre,
si elle renouvelait ses attentats, une association ennemie
des lois dont on a encore quelque raison de redouter les
attaques. Toutefois cet auteur, sachant combien la paix est

favorable au bonheur de tous, a énoncé le souhait que le conflit politique et le conflit révolutionnaire ne suscitassent pas de nouvelles luttes, qu'ils soient dénoués par des conciliations ; il croit fermement que, dans ce cas de conciliation, tous ceux auxquels il entend s'adresser seraient fort loin de regretter les préparatifs qu'ils auraient déployés et dont l'aspect aurait servi à éviter la guerre.

Octobre 1871.

L'HONNEUR

LES ROIS ET LES PEUPLES

L'honneur, *le vif désir de s'estimer soi-même et d'avoir droit à l'estime d'autrui*, est un des liens les plus puissants qui unissent entre eux les hommes civilisés. Il agit plus spécialement sur les relations de ceux que rassemble une même cité, une même patrie ; mais son influence, qui déjà se fait sentir dans les rapports de quelques peuples, s'étendra, se fortifiera de plus en plus, pour le très-grand avantage de tous.

C'est l'honneur qui rendra l'Alsace et la Lorraine à la France ;

C'est l'honneur qui délivrera l'Europe de cette destructive association qui s'est elle-même nommée *l'Internationale.*

1. Les habitants de l'Alsace et de la Lorraine sont français depuis plus de cent ans aux termes des traités ;

toujours ils ont montré une chaleureuse tendance à le devenir, ils comprennent l'honneur comme les Français, et non pas comme les Prussiens. Je pourrais rappeler ici les faits nombreux, signalés pendant la récente guerre, qui viennent appuyer cette assertion; mais, comme il est possible, qu'après la restitution de l'Alsace et de la Lorraine à la France, on parvienne à rendre faciles les rapports de cette nation avec l'Allemagne, je ne veux pas laisser dans cet écrit des traces qui nuiraient à une réconciliation. Ces souvenirs, qui sont encore aujourd'hui dans toutes les mémoires, constatent avec évidence ce qui vient d'être énoncé : que les Prussiens et les Français sont bien loin d'avoir, sur l'honneur, des opinions semblables ; il est certain que les habitants de l'Alsace et de la Lorraine ne pourront jamais se façonner, sur ce point comme sur beaucoup d'autres, aux opinions des Prussiens, et que, probablement, ils ne l'essayeront pas ; ils seront donc toujours et nécessairement les adversaires, sinon les ennemis, d'un peuple nourri de pensées que leur honneur ne peut admettre ; ils aspireront toujours, sous l'influence d'un noble sentiment, à reprendre la qualité de français.

Les Prussiens, pour annexer l'Alsace et la Lorraine à leur empire, n'ont invoqué que la force. C'est là une tache originelle que l'honneur des populations asservies ne cessera jamais de vouloir effacer ; le retour à la France peut seul réhabiliter pour elles cet honneur que l'audacieux vainqueur a essentiellement froissé ; cet honneur parle plus haut et plus assidûment que tous les intérêts; il comptera toujours sur un autre honneur fraternel qui a été plusieurs fois mis à l'épreuve, sans que les siècles l'aient jamais vu faillir. Un prince français a été forcé de dire :

« Tout est perdu fors l'honneur. » Mais l'honneur a tout rétabli. Il opérera encore de semblables prodiges.

II. L'association l'*Internationale* comprend deux sortes de personnes, les *habiles* et les *dupes*.

Les habiles veulent s'emparer du bien d'autrui ; ils marchent avec résolution vers ce but.

Les dupes sont conduits vers le déshonneur et vers la ruine ; mais ils ne voient pas les précipices dans lesquels ils sont près de tomber.

Le habiles déclarent qu'ils veulent, pour le plus grand bonheur de tous les hommes, abolir la propriété individuelle. Ils savent bien que cela n'est pas possible ; mais après avoir dépouillé les propriétaires et s'être emparés de ce qui leur appartient, ils changeront de langage, et proclameront, comme les gens honnêtes le font aujourd'hui, que la propriété individuelle est absolument nécessaire à toute civilisation.

Les habiles se seront enrichis par le succès de leurs manœuvres, *si elles réussissent ;* constatons ce que les dupes auraient perdu dans ce revirement.

Si les hommes ne travaillaient pas, la terre demeurerait en friche, les métaux resteraient enfouis.

Mais, pour que les hommes travaillent, c'est-à-dire pour qu'ils emploient avec une contention presque douloureuse leurs forces physiques et leur intelligence à cultiver, à fabriquer, à commercer, il faut qu'un motif puissant les engage à sortir de leur repos et à faire autre chose que ce qui conviendrait à leur goût ou à leurs fantaisies.

Les esclaves chez les peuples anciens étaient contraints au travail par le fouet ou par les supplices ; heureusement,

il n'y a plus d'esclaves en Europe, et personne n'a probablement le désir que l'on revienne à cet état.

Le motif puissant qui agit aujourd'hui pour déterminer
les hommes au travail est la volonté d'accomplir une
promesse, et d'acquérir, en échange des labeurs promis
et exécutés, ce qu'on ne possédait pas auparavant.

Si la propriété des objets ainsi acquis n'était pas *com-
plétement* assurée (avec la faculté d'en disposer à son gré)
à celui qui a travaillé, qui a donné les efforts de ses bras
et de sa pensée, le motif stimulant étant très-amoindri, le
labeur serait moins actif, et la production de toutes
choses étant, par ce fait, notablement diminuée, tous les
hommes tomberaient dans un état misérable, dont le travail des temps passés, s'il est incessamment continué, tend
à nous affranchir tous, sans excepter ceux qui, en ce moment, sont encore rangés parmi les pauvres.

La propriété individuelle, avec toutes ses conséquences,
est donc indispensable à la civilisation, au bonheur de
tous les hommes, puisqu'elle produit de tels effets, et
qu'elle seule peut les produire. Les habiles de l'*Internationale* connaissent parfaitement tout cela. Les dupes,
fascinés par quelques faux mirages au moyen desquels on
les enrôle, ne voient pas ces vérités capitales. Elles sont
élémentaires pourtant, et il serait facile de les leur faire
comprendre, si on pouvait obtenir leur attention. Voici,
ce me semble, comment on peut y parvenir.

Les hommes qui veulent s'emparer du bien d'autrui et
ceux qui les aident dans cette tentative sont appelés très-
crûment, et dans toutes les langues, par le bon sens public
(sauf le cas de guerre, pour lequel on est encore aujour-
d'hui beaucoup trop indulgent), des..... articulez le mot.

Pour attirer l'attention des hommes trompés par les habiles de l'*Internationale*, nous leur dirons : Consentez-vous à être dupes, au point de devenir des.....?

— Non, non, répondront une multitude de voix.

— Eh bien! écoutez ; alors, l'attention étant conquise, on expliquera, sous les formes que la situation indiquera, ce qui vient d'être sommairement énoncé ; et ces hommes, rappelés au sentiment de l'honneur, désormais convaincus qu'ils ne peuvent marcher dans la voie qui leur est tracée par les séducteurs sans se ravaler à un degré d'abjection qui les rendrait semblables ou à la brute ou aux brigands des grands chemins, quitteront à la hâte l'*Interna-tionale*, non pas seulement en France, mais en Angleterre, en Allemagne, en Russie ; car partout il y a des hommes d'honneur, et, malgré notre prédilection nationale, nous ne réclamons pour nous, Français, ni le monopole du fait, ni celui de l'appellation. Nous aimerons seulement à faire remarquer, pendant le travail de réhabilitation et après le succès, que l'élan salutaire est parti de la France.

En faisant cet exposé et ces démonstrations, on ne prétendra pas que tout est au mieux dans le monde ; on dira, au contraire, parce que là est le vrai, que des améliorations sont désirables, qu'elles sont possibles ; et, heureusement, on pourra prouver qu'il dépend de nous tous, des petits comme des grands, que ces améliorations soient progressivement et assez promptement opérées. Nous demandons, pour qu'elles se réalisent, que l'opinion publique, cette grande voix qui parle dans le vaste ensemble et dans mille détails, déclare, en manifestant son respect pour le droit de propriété, qu'elle honore, non l'ostentation qui veut se pavaner, mais la modestie relative qui économise pour répandre des bienfaits. C'est cette direction de l'opinion publique — si différente de ce qu'elle est aujourd'hui — qui, en facilitant la modération, accroîtra, par des épargnes, la richesse de chacun, et fera par suite disparaître la misère. Cette opinion publique, surtout quand elle se prononce en faveur des pensées, des actions équitables et généreuses, est toute-puissante : de tous ces millions d'hommes qui habitent l'Europe, il n'en est pas un, pour ainsi dire, qui ne soit juge dans ce tribunal, pas un, d'autre part, qui n'en soit justiciable, et qui n'attache du prix aux sentences qu'il promulgue.

Mais avons-nous bien spécifié ce qu'on doit entendre par le mot : HONNEUR? Avons-nous donné de ce mot une définition exacte? On pourrait nous opposer, avec quelque apparence de succès, un redoutable contradicteur.

« La nature de l'honneur, dit Montesquieu (*Esprit des lois*, liv. III, chapitre VII), de l'honneur, qui, suivant l'illustre écrivain, forme le principe du gouvernement monarchique, « est de demander des préférences et des distinctions. » — « Il est vrai, ajoute-t-il, que philosophiquement parlant, c'est un honneur faux qui conduit toutes les parties de l'État; mais cet honneur faux est aussi utile au public que le vrai le serait aux particuliers qui pourraient l'avoir. »

Nous osons contredire cette utilité supposée, et faire peser sur l'honneur désigné par le grand publiciste tous les inconvénients de la fausseté que, très justement, il lui attribue, qu'il n'a pu se refuser à reconnaître.

Son esprit droit et loyal a dépeint ainsi (*Id.*, *ibid.*, ch. V) les effets de cet amour des préférences et des distinctions :

« L'ambition dans l'oisiveté, dit-il, la bassesse dans l'orgueil, le désir de s'enrichir sans travail, l'aversion pour la vérité, la flatterie, la trahison, la perfidie, l'abandon de tous ses engagements, le mépris des devoirs du citoyen, la crainte de la vertu du prince, l'espérance de ses faiblesses, et plus que tout cela le ridicule perpétuel jeté sur la vertu forment, je crois, le caractère du plus grand nombre des courtisans marqué dans tous les lieux et dans tous les temps; or il est très-malaisé que la plupart des principaux d'un État soient malhonnêtes gens et que les inférieurs soient gens de bien; que ceux-là soient trompeurs et que les autres consentent à n'être que des dupes. »

Nous pouvons, ainsi qu'à dû le faire Montesquieu, appliquer ces observations à la France. Les exemples dont il parle, donnés par la plupart des principaux de l'État, devaient être en effet très-pernicieux; cependant, il est certain que, à côté de la soif des préférences et des distinctions, de l'honneur faux qui engendrait de telles mœurs à la cour, existait généralement dans la nation, malgré la délétère influence, l'honneur que je regarde comme véritable, le vif désir de s'estimer soi-même et d'avoir droit à l'estime d'autrui; et, m'appuyant sur cette doctrine : qu'un principe vicieux ne peut produire que des résultats funestes (tel arbre, tel fruit), je déclare, je peux affirmer que ce n'est pas l'honneur faux, mais l'honneur véritable qui a donné des prospérités à la France monarchique; que c'est cet honneur véritable qui a maintenu dans notre caractère national la loyauté, l'intrépidité, l'aversion pour la bassesse, auxquelles la France a dû la cohésion de toutes les provinces qui sont venues s'adjoindre successivement à un centre primitif où régnaient ces puissantes qualités et l'ascendant qu'elle a souvent exercé sur les autres peuples, en se conciliant leur affection ; ascendant moralisateur et bienfaisant dont les traces ne sont certainement pas effacées.

L'illustre auteur dit plus loin (*Id.*, liv. IV, chap. v) que l'on peut définir la *vertu*, dont il fait le principe des républiques : « l'amour des lois et de la patrie, » cet amour des lois et de la patrie peut très-bien n'être pas étranger aux monarchies ; je le considère comme étant l'une des bases du véritable honneur, et je dis que c'est lui qui a été l'un des soutiens de la monarchie française. J'avouerai bien que le citoyen ou le sujet des États monarchiques ne maintient pas en lui cette disposition à titre de *renoncement à soi-même*, qualification que lui donne l'*Esprit des lois*, elle n'est pas en lui une vertu républicaine. Le sujet ou citoyen monarchique suscite, conserve cette volonté, parce qu'elle est honorable, parce qu'elle lui donne des droits à sa propre estime et à celle d'autrui. Cette direction qu'il lui fait prendre ne détruit pas ses heureux effets ; c'est, au lieu d'un renoncement, une forme de l'amour de soi tel que le comprend et le modifie le sentiment religieux ; mais cet amour des lois et de la patrie, s'appuyant sur l'honneur, sur un juste sentiment de la dignité morale, est un soutien aussi solide de l'État, un stimulant vers le bien aussi actif qu'un renoncement à soi-même qui, peut-être, manque souvent de sincérité, parce qu'il sort des voies de la nature, lesquelles sont la manifestation des volontés de Dieu. Le renoncement, attribué par la théorie de Montesquieu aux Grecs et aux Romains, contenait certainement un notable mélange d'honneur, d'aspiration à l'estime de soi-même et d'autrui ; un grand nombre de faits le prouve. Nous croyons que le véritable honneur est aussi nécessaire aux monarchies qu'aux républiques, et aux républiques qu'aux monarchies.

Un peuple, qui est depuis longtemps pénétré de ce véritable honneur, doit donc faire les plus grands efforts pour le conserver, pour ne pas le laisser, par négligence ou par aveuglement, s'énerver, s'altérer sous les réclamations d'un luxe excessif qui rend les hommes esclaves des richesses et de la cupidité, ou se corrompre par l'introduction dans ses mœurs de ce faux honneur qui recherche les distinctions frivoles et les achète à tout prix. — Ce véritable honneur est un des plus sûrs garants de la sécurité publique. Le prince et le peuple, en les prenant pour guide, contractent l'un avec l'autre une durable alliance ; les citoyens qui aiment les lois et la patrie entourent d'une vive affection le prince qu'ils voient animé du désir de mériter leur estime. Le peuple français, après deux siècles, n'a pas oublié son Henri IV.

Montrons, dans l'espoir de donner un nouvel aliment à ces dispositions, que ce véritable honneur, qui doit rendre à la France ses forces si douloureusement gaspillées et affaissées, est d'ailleurs une des sources les plus fécondes, un des fondements les plus assurés du bonheur individuel. La condition essentielle du bonheur, pour chaque individu, est de remplir sa vie de bonnes pensées et de bonnes actions ; c'est ce que font, aussi parfaitement que possible, les influences du véritable honneur. L'homme, qui prend pour but principal le désir de s'estimer lui-même et d'acquérir des droits à l'estime d'autrui, s'élève naturellement, sous l'empire de cette volonté, au-dessus des exigences souvent avilissantes qui naissent de l'appétit sensitif ;

il ne désire les richesses qu'avec modération, parce qu'il connaît un bien qui leur est préférable, et se place, par cette disposition d'esprit, dans une région supérieure à celle où s'agitent la cupidité, l'envie, les convoitises qui, parfois, tourmentent les plus valeureux et peuvent conduire les autres à la bassesse ou au crime. Cette estime de lui-même qu'il a obtenue est un sentiment aussi chaleureux, plus abondant en satisfaction que l'amour de la gloire ou de la vanité, et certes il est, beaucoup moins que celui-ci, exposé à des mécomptes, à des humiliations. Si l'opinion publique est généralement trop favorable à l'éclat des richesses, aux décors de toute nature que la modération ne sait pas se procurer, l'homme d'honneur, en goûtant les compensations que lui apportent la paix et la sécurité dont il jouit, sait attendre l'heure de la justice. Cette heure arrivera ; car l'opinion publique doit certainement des hommages au citoyen, quelque obscur qu'il soit, qui, par ses discours et la convenance de ses actions, a fortifié autant qu'il était en lui les principes sur lesquels s'appuie la félicité publique.

Pour compléter notre esquisse, reportons de nouveau nos regards vers les points de vue que nous avons d'abord indiqués.

L'honneur véritable, qui réparera les forces de la France, augmentera encore ses ressources en lui donnant des alliés que l'expérience aura enfin éclairés. Ces alliés seront non-seulement les peuples qui habitent les rives de l'Atlantique et de la Méditerranée, voulant enfin réparer la faute qu'ils ont commise dans les derniers événéments, mais plusieurs de ceux qui occupent d'autres contrées. Il est impossible que cet honneur, violemment comprimé en

Autriche, en Hongrie, par une injuste guerre, ne se réveille pas, ne lance pas de vigoureuses flammes, dès que le permettront les mouvements européens. Il est impossible que la Russie, soit dans l'intention de diriger l'esprit de ses populations encore abruties par l'esclavage et dont la férocité est pour elle une perpétuelle menace, soit pour refouler des empiétements de voisinage, ne s'unisse pas tôt ou tard à un peuple qui a toujours été le modèle de l'honneur, qui s'est toujours montré reconnaissant des témoignages d'affection dont il a été l'objet. Alors renaîtront, à la suite d'une brillante prise d'armes, les jours glorieux de l'Alsace et de la Lorraine, si une sage politique, apercevant un avenir inévitable, n'a pas prévenu ces explosions généreuses en effaçant, par d'équitables réparations, les injures dont le souvenir pèse incessamment sur la tête des peuples et des rois. C'est surtout vers cette politique sage et conciliatrice que nous voulons attirer les regards ; et pour bien résumer la pensée qui a dicté cet écrit, nous exprimons le vœu que tous nos adversaires, y compris l'*Internationale*, se ralliant aux idées de modération, de véritable honneur, dont nous voudrions que ce travail augmentât la puissance, permettent à l'Europe de conserver la paix et de réaliser pour tous les hommes souffrants ou égarés des prospérités nouvelles qui sont le but suprême de la civilisation.

Pour que ces vœux pacifiques s'accomplissent, il faudrait introduire dans le gouvernement des affaires universelles un principe dont on se préoccupe très-peu en ce moment, *le principe de moralité*, unissant les hommes par le sentiment de l'honneur ; il faudrait que les rois et

les peuples fissent de ce principe une base de confédéra-
tion, d'alliance dans la paix et dans la guerre. — Cela
est-il possible ? oui, assurément ; car, il est certain, on peut
démontrer que l'application de ce nouveau moteur des
pensées et des actions politiques donnèrent des résultats
beaucoup plus féconds en bonheur, pour les rois et pour
les peuples, que ceux qui ont été ou qui peuvent être pro-
duits par le vague et dangereux principe des *nationalités*,
par la poursuite exclusive des intérêts matériels, par le
système des envahissements, des annexions forcées ; annexions funestes à la fois pour les peuples conquérants et
pour les peuples conquis, puisqu'elles conduisent nécessairement au despotisme, ainsi que le prouve l'ouvrage
très-positif de M. H. Passy, intitulé : *Des Formes du gouvernement*.

La démonstration que j'indique (celle des effets du
principe de moralité) pourrait être le sujet d'un très-utile
et très-séduisant travail.

LES
PRESCRIPTIONS DE L'HONNEUR

APPENDICE

Vous me demandez, mon cher ami, quelles sont les prescriptions de l'honneur. Votre intention, j'en suis convaincu, n'est pas de désigner par ce mot l'honneur que décrit Montesquieu, cet honneur, qui « permet la ruse » et « ne défend pas l'adulation, » qui fait que les vertus « ne sont que ce qu'il veut et comme il veut ; honneur que « le vilain ne possédait pas, d'où il suivait qu'on le punis- « sait dans son corps. » (*Esprit des lois*, liv. IV, chap. ii, et liv. VI, chap. x.)

Vous voulez certainement parler de l'honneur que j'ai défini : le vif désir de s'estimer soi-même et d'avoir droit à l'estime d'autrui.

Je répondrai d'abord par quelques mots très-succints, et vous offrirai ensuite la justification de mes réponses.

Le véritable honneur prescrit :

De ne pas mentir,

De tenir ses promesses,

De respecter les droits d'autrui,

De se rendre utile.

Ces indications se présentent instantanément à l'esprit, sans qu'il fasse le moindre effort ; mais pour vous fournir la justification promise, et vous faire accepter, s'il se peut, ma définition, j'interrogerai à la fois le sens intime, les déductions religieuses ou philosophiques et les enseignements que fournit l'histoire.

Vous jugerez bien que je considère ces prescriptions du véritable honneur comme obligatoires pour *tous* les hommes, sans distinction de noblesse ou de non-noblesse ; et je me fonde, pour motiver cette généralité, sur ce fait que tous les hommes sont les enfants de Dieu, qu'ils ont tous une origine comme une destination pareille ; fait dont il est impossible de ne pas conclure, à ce qu'il me semble, que tous doivent marcher vers un même but. — Pour un grand nombre de personnes, la route qui conduit au bien, à l'honneur, est plus difficile à parcourir que pour quelques autres ; ceux-là rencontrent de rudes obstacles qui naissent de leur éducation, de leur pauvreté ; il y a dans ces situations un motif pour accorder de l'indulgence à ces hommes qui ont tant d'assauts à soutenir ; mais ce serait dépasser un but raisonnable que de les placer, sous prétexte qu'ils ont plus d'obstacles à vaincre, dans un cas exceptionnel qui les avilirait, en les déclarant incapables d'arriver à l'honneur ; et eux-mêmes ne voudraient pas accepter une telle exemption, si on la leur offrait. Ceux-là, ceux qui sont moins favorisés par la fortune, doivent donc, dans leur propre intérêt et malgré les difficultés que les conjonctures élèvent devant eux, se considérer comme obligés aussi bien que tous les autres à observer les prescriptions de l'honneur, à faire courageusement les efforts nécessaires pour surmonter ces obstacles, ces difficultés qui s'opposent à la réalisation de leur destinée.

Consacrons quelques lignes à chacune des prescriptions indiquées :

Première. — Ne pas mentir.

Il n'est personne qui ne sente, obscurément ou distinctement, que l'homme, quand il se permet le mensonge, ou habituellement ou même accidentellement, est moins estimable que celui qui ne ment jamais; qu'il lui est inférieur. — Pourquoi ment-on? — par timidité, par lâcheté, pour échapper à un châtiment qui menace, ou par cupidité, pour obtenir les objets qu'un appétit réclame. La crainte, la cupidité ravalée à la gourmandise sont les mobiles qui font agir les êtres inférieurs de la création, les animaux; l'homme qui ment s'assimile par cet acte à ces êtres inférieurs, il devient donc inférieur à celui qui ne ment jamais. En conséquence, l'honneur devait prohiber et prohibe le mensonge.

De cette prohibition de mentir, sous peine de bassesse, nous tirons une règle qui serait très-utile dans la pratique de la vie; elle dit à tous sans exception : ne fais rien que tu ne puisses déclarer ou avouer devant les gens de bien.

Deuxième. — Tenir ses promesses.

Les promesses résultent ou expressément d'une obligation écrite dont autrui pourrait réclamer l'exécution devant les tribunaux, ou, implicitement, de la situation dans laquelle on se trouve engagé soit volontairement, soit par l'effet des événements divers qui ont précédé ou accompagné notre marche en ce monde.

L'homme qui ne contracte des obligations positives, écrites, que s'il est certain de pouvoir les exécuter, qui dispose ses ressources, de telle sorte qu'en réalité, il remplit ces obligations avec une entière exactitude, mérite certainement l'estime ; mais on accorde, avec raison, ce sentiment d'une façon plus expansive, plus complète, à celui qui accomplit, pour tenir une promesse seulement implicite, des actions auxquelles il ne pourrait être contraint par une force extérieure, et on le mesure sur les efforts que ces actions ont exigé de lui ; c'est avec raison qu'on accorde cette estime plus chaleureuse, plus expansive au valeureux soldat, quel que soit son rang, qui s'est instruit par des travaux assidus dans la science et dans l'art de commander ; qui, obéissant pour ses chefs et gardien fidèle de la discipline, brave avec ténacité tous les dangers de la guerre ; au négociant qui expose sa fortune pour empêcher une disette, et ne trompe jamais ceux avec lesquels il traite ; au juge, à l'administrateur assez intègre pour ne laisser jamais une passion, ambition, cupidité, haine ou vengeance, influer sur ses décisions, qui ne prend pour guides que sa conscience et la saine interprétation des lois qu'il a soin d'étudier et de consulter sans cesse.

En acceptant ou en recueillant les avantages d'un bienfait, on fait la promesse implicite de respecter le bienfaiteur et de se montrer reconnaissant envers lui. A cette promesse se rattachent le respect et l'obéissance que nous devons à nos parents, notre gratitude envers Dieu, gra-

titude de laquelle dérivent les devoirs religieux et la cha-
rité qui forme un lien entre tous les hommes.

Troisième. — Respecter les droits d'autrui.

L'homme qui ne se soumet pas scrupuleusement à cette
troisième prescription, quels que soient les appétits, les
passions qui l'aient sollicité à l'enfreindre, reçoit très-
souvent, et mérite toujours des qualifications que chacun
prononce, et qui ne flattent point le sentiment de l'honneur. Le désir d'être estimé veut donc qu'on s'y soumette.
Si le public n'est pas toujours juste en distribuant ces qualifications, s'il se laisse momentanément éblouir de façon
à ne pas les infliger à celui qui devrait en être frappé, à
défaut de sa voix, celle de la conscience se fait entendre,
et le coupable n'échappe guère même en ce monde, dans
une phase quelconque de sa vie, aux conséquences de ses
fautes.

L'honneur prescrit aussi le respect des convenances.
Celui qui les méconnaît ou les froisse, reçoit de même des
qualifications peu satisfaisantes pour son amour-propre.

Quatrième. — Se rendre utile.

La prospérité d'une nation augmente dans la propor-
tion où elle contient un nombre plus ou moins grand
d'hommes qui travaillent. De ce fait, il faut conclure que
chaque personne, quelle que soit sa position, est tenue,
pour avoir le droit de s'estimer elle-même et d'être estimée
par autrui, de se rendre utile au moyen d'un travail quelconque; ce travail variera pour chacun suivant ses apti-

tudes et la situation que les circonstances lui auront faite :
les uns, s'emploieront à cultiver la terre ou à façonner les
métaux, d'autres, à diriger les esprits ou à maintenir le
respect des droits ; mais aucun de ceux qui aspirent à être
honorés ne pourra impunément commettre la faute grave
de dédaigner ni le labeur matériel, ni le labeur intellec-
tuel, puisque tous deux concourent au bien de la nation.

Représentez-vous par la pensée les notables améliorations que cette doctrine, de plus en plus convertie en actes,
produirait dans la famille, dans la nation, dans l'huma-
nité, et vous souhaiterez ardemment qu'elle soit comprise,
qu'elle soit acceptée; vous ferez d'incessants efforts pour
que son règne arrive. Je crois exprimer d'exactes déductions en disant que, sous cette discipline, les enfants res-
pecteront leur père et leur mère, parce que ceux-ci sur-
veilleront avec soin leurs paroles et leurs actions, afin de
ne donner que des exemples salutaires aux pupilles dont le
bonheur présent et futur leur est confié par Dieu ; parce
que, dans l'occasion, ils sauront agir envers ces enfants
aimés avec la sévérité qui sera nécessaire pour les préser-
ver des fautes dans lesquelles pourraient les faire tomber
ou leurs tendances instinctives, que la réflexion et l'habi-
tude n'ont pas encore rectifiées, ou les influences du de-
hors. Sous cette discipline, les concitoyens, tous les mem-
bres de la nation, quelque diverses que soient leur fortune
et leur puissance, ressentiraient les uns pour les autres
une estime, une confiance, une considération qui feraient
disparaître, ou au moins atténueraient les causes de mé-
sintelligence par lesquelles les sociétés sont ordinairement
troublées. — On demande pourquoi les hommes sont encore si éloignés de cet état heureux que je voudrais faire

apercevoir, bien qu'ils aspirent tous si vivement au bonheur. — Il en est ainsi, parce qu'ils n'ont pas fait encore vers la connaissance de la vérité tous les progrès qu'ils peuvent accomplir. Les hommes sont nés, ou sont tombés, dans un état presque semblable à celui des animaux; cependant ils ont été doués par l'auteur de toutes choses de facultés spéciales qui pouvaient les faire monter progressivement au-dessus de cet état infime, ils n'ont pas encore fait sortir de ces facultés supérieures tous les avantages qu'elles sont destinées à leur procurer. Un grand nombre de nos souffrances proviennent de ce que les hommes puissants et riches attachent trop de prix à l'ostentation, de ce que les pauvres et les faibles ne sentent pas assez tout ce que vaut la qualité d'homme de bien que chacun d'eux peut se procurer par le seul exercice de sa volonté; cela peut être modifié sans que la marche de la société soit altérée par ces convulsions qui retardent le progrès. Il en est de même pour les autres causes de mal et de désordre.

Je ne prétends pas que l'expansion du sentiment de l'honneur, même tel que je le conçois, renferme une morale complète, et suffise pour le perfectionnement du genre humain; je ne place pas cette meilleure direction de l'amour-propre au niveau de la générosité, de la piété; mais j'espère, je crois que la réalisation des vœux que j'expose ici serait un acheminement de quelque importance vers le mieux que nous désirons.

Plusieurs fois, j'ai osé discuter notre grand Montesquieu. Dans la crainte qu'on se méprenne sur le respect que je professe pour l'*Esprit des lois*, je vais transcrire une page de ce beau livre qui se rattache à ce qui est énoncé plus haut (*préambule*) sur la puissance de l'exemple; faisant remarquer que, dans une nation, les effets de l'exemple descendent de proche en proche, et que chacun à cet égard encourt une responsabilité.

« Les mœurs du prince, dit le publiciste (liv. XII, ch. xxvii), contribuent autant à la liberté que les lois, il peut, comme elles, faire des hommes des bêtes, ou des bêtes faire des hommes. S'il aime les âmes libres, il aura des sujets, s'il aime les âmes basses, il aura des esclaves. Veut-il savoir le grand art de régner, qu'il approche de lui l'honneur et la vertu, qu'il appelle le mérite personnel, il peut même quelquefois jeter les yeux sur les talents. Qu'il ne craigne pas ces rivaux qu'on appelle des hommes de mérite, il leur est égal dès qu'il les aime. Qu'il gagne le cœur, mais qu'il ne captive pas l'esprit. Qu'il se rende populaire, il doit être flatté de l'amour du moindre de ses sujets; ce sont toujours des hommes. Le peuple demande si peu d'égards qu'il est juste de le lui accorder. »

Et, pour me donner un auxiliaire qui défende en deux mots le système de pensées dans lequel est écrit cet opuscule, pour qu'on ne puisse même tacitement l'incriminer, j'ajoute la réflexion suivante émise par le marquis de Vauvenargues. — (*Introduction à la connaissance de l'esprit humain*, liv. V, p. 95, édit. de 1821) :

« La noblesse, dit le moraliste, est la préférence de l'honneur à l'intérêt, la bassesse, la préférence de l'intérêt à l'honneur. »

FIN.